CUCINAR
UOMINI SENZA TALENTO

RIZZO

INDICE

PREMESSA **5**

ZUPPE **7**

    ZUPPA DI PASTA E VERDURE 8

    ZUPPA DI MAIS RAPIDA 9

    ZUPPA DI ZUCCA AL CURRY 10

    ZUPPA DI CIPOLLE 11

    ZUPPA DI PORRI, CARNE MACINATA E FORMAGGIO 12

CARNE **13**

    PIZZA VEGETARIANA ALSAZIANA (FLAMMKUCHEN) 14

    COTOLETTA ALL'ALGOVIANA 15

    ZUPPA DEL CONTADINO 16

    CRESPELLE SOFFICI DI PROSCIUTTO ED ERBA CIPOLLINA 17

    PEPERONI RIPIENI IN SALSA DI YOGURT 18

    QUICHE SALATA DI VERDURE 19

    PADELLATA DI TACCHINO E VERDURE 20

    QUICHE DI CARNE MACINATA 21

    BOCCONCINI DI POLLO 22

    INSALATA DI GYROS 23

    ROLLÈ DI MAIALE AL FORNO 24

    ZUPPA DI PATATE E SALSICCIA 25

    PETTO DI TACCHINO MARINATO PICCANTE 26

    SPAGHETTI ALLA PANNA CON PROSCIUTTO E FORMAGGIO 27

    PANINI ALLA PIZZA 28

    INSALATA DI SALSICCIA 29

    CORDON BLEU DI TACCHINO ALLA CAPRESE 30

    PASTICCIO DI PATATE E VERDURE 31

    GYROS DI TACCHINO CON TZATZIKI 32

    PASTICCIO DI QUARK 33

    PADELLATA DI RISO SUPERVELOCE 34

    ARROSTO IN SALAMOIA CARAMELLATO 35

    INSALATA DI PORRO E PROSCIUTTO 36

- INSALATA DI PATATE CALDA CON STRISCE DI TACCHINO 37
- STRISCE DI PETTO DI TACCHINO CON VERDURE AL WOK 38
- GULASCH DI SALSICCIA 39

PESCE & FRUTTI DI MARE 41
- PADELLATA DI PESCE MEDITERRANEA 42
- PASTICCIO DI PESCE RAPIDO 43
- TAGLIATELLE PANNA E SALMONE 44
- PESCE AL CARTOCCIO 45

VEGETARIANO & CONTORNI 47
- GNOCCHETTI DI FORMAGGIO CON CIPOLLE FONDENTI 48
- MINESTRONE DI CAVOLI RAPA E CAROTE 49
- CHILI DI LENTICCHIE VEGETARIANO 50
- CURRY DI FINOCCHI E CAROTE 51
- UOVO STRAPAZZATO ALLA MEDITERRANEA CON FETA E OLIVE 52
- INSALATA DI UOVA CON VERDURE FRESCHE 53
- FETTE DI CAVOLI RAPA CON SALSA AL QUARK 54
- INSALATA GRECA DEL CONTADINO 55
- RATATOUILLE 56
- INSALATA FRESCA DI CETRIOLI 57

DESSERT 59
- TORTA DI MELE RAPIDISSIMA 60
- TIRAMISÙ ALLA FRAGOLA CON FORMAGGIO FRESCO DI CAPRA 61
- GELATO ALLA FRUTTA FATTO IN CASA 62
- DOLCE DI QUARK AL MANDARINO 63
- WAFFEL CON INSALATA DI FRUTTA 64

PREMESSA

Zero voglia, zero tempo, zero talento?

Ti riprometti di continuo di non mangiare più solo pizza surgelata e kebab, ma dopo il lavoro non hai né tempo né voglia di passare le ore in cucina? E magari non sei neanche tanto bravo a cucinare?

Basta con le scuse! Tutti possono seguire un'alimentazione sana, gustosa e varia – anche quando non si ha particolare talento e senza grande fatica. Mauro Rizzo lo dimostra. È un uomo, e come tale conosce bene questi problemi. A differenza di te, però, è riuscito in breve tempo a diventare un cuoco di tutto rispetto. E il bello sai qual è? Che non è neanche così difficile!

In questo ricettario per principianti, uomini e lavoratori troppo impegnati, Mauro ti mostrerà come preparare,

- in modo semplice e veloce,
- piatti convenienti,
- sani e
- adatti a tutti i giorni

direttamente a casa. Zuppe, snack, pesce, carne o vegetariano: c'è di tutto! Persino un ricettario per i piatti veloci!

ZUPPE

ZUPPA DI PASTA E VERDURE

Tempo di preparazione: **15 min**
Tempo di cottura: **20 min**

Ingredienti:
per 2 porzioni
- 1 cipolla
- 1 cucchiaio d'olio
- 750 ml brodo vegetale
- 1 carota
- 1 zucchina piccola
- 1 peperone giallo
- 2 pomodori
- 50 g capelli d'angelo
- Sale
- Pepe
- 2 gambi di prezzemolo fresco

1. Sbucciare la cipolla, sminuzzarla finemente e soffriggerla in olio bollente.
2. Sfumare con il brodo vegetale e portare a ebollizione.
3. Pulire, lavare e tagliare a dadini la carota, la zucchina, il peperone e i pomodori.
4. Aggiungere i pezzi di carota nel brodo in ebollizione. Cuocere per due minuti.
5. Unire la zucchina e la pasta. Far cuocere per 5 minuti.
6. Infine aggiungere nella zuppa i dadini di peperone e pomodoro. Cuocere per altri 5 minuti.
7. Regolare di sale e pepe la zuppa.
8. Lavare, asciugare scuotendo e sminuzzare finemente il prezzemolo.
9. Spolverare la zuppa col prezzemolo e servire.

ZUPPA DI MAIS RAPIDA

Tempo di preparazione: **15 min**
Tempo di cottura: **25 min**

Ingredienti:
per 2 porzioni
- 2 confezioni di granturco
- 1 cipolla
- 1 mazzo di verdure da minestra
- 1 pomodoro
- 1 patata grande
- 1 cucchiaino d'olio
- 750 ml brodo vegetale
- 100 ml panna
- Sale
- Pepe
- Peperoncino in polvere
- 2 gambi di prezzemolo fresco

1. Far sgocciolare il mais con l'aiuto di un colino.
2. Pulire, lavare e tagliare a pezzi le verdure.
3. Riscaldare l'olio in una pentola. Soffriggervi la cipolla.
4. Unire il granturco, le verdure e il brodo.
5. Portare la zuppa a ebollizione, cuocere per 10-15 minuti.
6. Ridurre la zuppa in purea con un frullatore a immersione.
7. Aggiungere la panna mescolando. Interrompere la bollitura1
8. Speziare la zuppa quanto basta.
9. Spolverare la zuppa col prezzemolo tritato e servire.

ZUPPA DI ZUCCA AL CURRY

Tempo di preparazione: **15 min**
Tempo di cottura: **35 min**

Ingredienti:
per 2 porzioni
- ½ zucca Red Kuri
- 1 cipolla
- 1 cucchiaio di burro
- 250 ml brodo vegetale
- 1 cucchiaio di sherry o aceto balsamico
- 50 ml panna
- 1 cucchiaino di curry
- 1 pizzico di zucchero
- Sale
- Pepe
- Noce moscata
- Qualche seme di zucca
- Aceto balsamico

1. Sbucciare la zucca e privarla dei semi. Tagliare a dadini la polpa.
2. Sbucciare la cipolla, sminuzzarla finemente, soffriggerla nel burro bollente.
3. Unire i dadini di zucca. Cuocere insieme per 10 minuti a fuoco lento.
4. Unire il brodo vegetale e lo sherry. Far sobbollire per circa 25 minuti.
5. Aggiungere la panna e la polvere di curry mescolando.
6. Ridurre la zuppa in purea con un frullatore a immersione.
7. A seconda della consistenza desiderata, eventualmente far ridurre ancora un po' la zuppa a fuoco medio e senza coperchio.
8. Prima di servire, regolare di sale, pepe e noce moscata.
9. Gustare con i semi di zucca e qualche goccia di aceto balsamico.

ZUPPA DI CIPOLLE

Tempo di preparazione: **15 min**
Tempo di cottura: **25 min**

Ingredienti:
per 2 porzioni
- 500 g cipolle
- 3 cucchiai d'olio
- 1 cucchiaio di farina
- Sale
- Pepe appena macinato
- 1 cucchiaino di zucchero
- 650 ml brodo vegetale
- 50 g formaggio grattugiato
- Un po' di paprika ungherese delicata

1. Sbucciare, tagliare a metà e grattugiare finemente le cipolle.
2. Scaldare l'olio. Soffriggervi le cipolle. Poi spolverare con la farina,
3. aggiungere sale, pepe e zucchero mescolando.
4. Unire il brodo vegetale. Far sobbollire leggermente per 15 minuti.
5. Regolare la zuppa.
6. Servire con una spolverata di formaggio grattugiato e polvere di paprika.

ZUPPA DI PORRI, CARNE MACINATA E FORMAGGIO

Tempo di preparazione: **15 min**
Tempo di cottura: **20 min**

Ingredienti:
per 2 porzioni
- 2 cucchiai d'olio
- 250 g macinato di manzo
- 2 gambi di porro
- 500 ml brodo vegetale
- 125 g formaggio fuso light
- Sale
- Pepe
- Noce moscata
- Polvere d'aglio
- Polvere di cipolla

1. Scaldare l'olio. Arrostirvi bene il macinato.
2. Pulire, lavare, eventualmente dividere a metà per lungo il porro e tagliarlo poi a sottili rondelle.
3. Salare e pepare il macinato.
4. Aggiungere il porro al macinato e cuocere insieme per circa 5 minuti a fuoco lento.
5. Stemperare col brodo vegetale. Far sobbollire il tutto a fuoco lento per 10 minuti.
6. Aggiungere alla zuppa il formaggio fuso. Far sciogliere mescolando.
7. Prima di servire, speziare la zuppa quanto basta.

CARNE

PIZZA VEGETARIANA ALSAZIANA
(FLAMMKUCHEN)

Tempo di preparazione: **20 min**
Tempo di cottura: **10 - 15 min**

Ingredienti:
per 1 teglia
- 2 cipolle spagnole
- 300 g farina
- 125 g acqua minerale
- 4 cucchiai d'olio
- 1 pizzico di sale
- 1 vasetto di crème fraîche o panna acida
- 50 ml latte
- 200 g cubetti di prosciutto

1. Preriscaldare il forno a 230 °C (riscaldamento superiore e inferiore). Rivestire una teglia con carta da forno.
2. Sbucciare e dividere in quattro le cipolle, dopodiché tagliarle a sottili rondelle.
3. Mischiare farina, olio, acqua minerale e sale e amalgamare fino a ottenere un impasto omogeneo e privo di grumi. Eventualmente aggiungere un po' più d'acqua o farina.
4. Spianare l'impasto stendendolo sulla carta da forno per tutta la grandezza della teglia.
5. Mantecare la crème fraîche con il latte. Spalmare sull'impasto.
6. Distribuire uniformemente le cipolle e i cubetti di prosciutto sulla teglia.
7. Cuocere la pizza nel forno caldo per circa 10 - 15 minuti fino a doratura.

COTOLETTA ALL'ALGOVIANA

Tempo di preparazione: **10 min**
Tempo di cottura: **15 - 20 min**

Ingredienti:
per 2 porzioni
- 2 cotolette
- 2 cucchiai d'olio
- Sale
- 2 fette di prosciutto cotto
- 1 pomodoro
- 2 fette di formaggio d'Algovia
- 1/8 l brodo di carne
- 1 cucchiaino di concentrato di pomodoro
- 1 cucchiaio di panna
- 2 cucchiai di vino bianco

1. Preriscaldare il forno a 180 °C.
2. Lavare, tamponare e battere la cotoletta.
3. Scaldare l'olio in una padella coi bordi alti. Rosolarvi la cotoletta per circa 3 minuti per lato.
4. Lavare il pomodoro, privarlo del torsolo e tagliarlo a fette.
5. Salare la cotoletta, poi sistemarla su una pirofila.
6. Condire ogni cotoletta con una fetta di prosciutto, fette di pomodoro e una fetta di formaggio.
7. Gratinare in forno per 5 - 10 minuti, finché non si scioglie il formaggio.
8. Nel frattempo preparare il sugo. Allo scopo, versare il brodo vegetale nella padella. Far bollire.
9. Regolare di concentrato di pomodoro, panna e vino bianco il sugo.
10. Servire la cotoletta con il sugo.

ZUPPA DEL CONTADINO

Tempo di preparazione: **15 min**
Tempo di cottura: **20 min**

Ingredienti:
per 4 porzioni
- 500 g macinato misto
- 2 cipolle
- 2 peperoni rossi
- 2 peperoni gialli
- 500 ml passata di pomodoro
- 100 ml panna
- Sale
- Pepe
- Erbe italiane

1. Sbucciare le cipolle e tagliarle finemente a dadini.
2. Scaldare l'olio. Soffriggervi le cipolle.
3. Aggiungere il macinato e rosolarlo.
4. Pulire i peperoni, lavarli, tagliarli a piccoli dadini e mischiarli nel macinato. Cuocere insieme per 3 minuti.
5. Aggiungere la passata di pomodoro mescolando. Bollire, poi far sobbollire a fuoco ridotto per 5 minuti.
6. Regolare di sale, pepe ed erbe italiane.
7. Aggiungere la panna mescolando e prima di servire regolare ancora una volta.
8. Da gustare anche con pasta, riso o baguette.

CRESPELLE SOFFICI DI PROSCIUTTO ED ERBA CIPOLLINA

Tempo di preparazione: **20 min**
Tempo di cottura: **15 min**

Ingredienti:
per 2 porzioni
- ½ mazzo di erba cipollina
- 100 g prosciutto cotto
- 2 uova
- 4 cucchiai di farina
- ½ cucchiaino di sale
- 50 ml acqua frizzante
- 2 cucchiai di burro

1. Lavare, asciugare scuotendo e tagliare a sottili rondelle l'erba cipollina. Tagliare il prosciutto a dadini.
2. Separare i tuorli dagli albumi delle uova. Montare gli albumi.
3. Montare a neve i tuorli e il sale con l'aiuto di un frullatore. Con un cucchiaio, aggiungere l'acqua frizzante e la farina mescolando.
4. Incorporare l'albume con cura.
5. Poi incorporare con cura le rondelle di erba cipollina e i dadini di prosciutto.
6. Scaldare 1 cucchiaio di burro in una padella. Versare metà dell'impasto nella padella. Cuocere in forno entrambi i lati della crespella fino a doratura.
7. Dal resto del burro e dell'impasto ricavare una seconda crespella da infornare.

PEPERONI RIPIENI IN SALSA DI YOGURT

Tempo di preparazione: **20 min**
Tempo di cottura: **55 min**

Ingredienti:
per 2 porzioni
- 125 g riso bollito
- 1 cipolla
- 1 spicchio d'aglio
- 1 cucchiaio d'olio
- 2 peperoni
- 250 g macinato di manzo
- 1 mazzo di prezzemolo
- 1 confezione di passata di pomodoro
- 1 vasetto di yogurt naturale o di yogurt turco
- Sale
- Pepe
- Curcuma
- Cumino
- Polvere di paprika

1. Preriscaldare il forno a 180 °C in modalità ventilata.
2. Tagliare a metà, pulire e lavare i peperoni.
3. Sbucciare cipolla e aglio. Soffriggere in olio bollente.
4. Aggiungere il macinato e arrostirlo fino a farlo diventare friabile.
5. Lavare, asciugare scuotendo e sminuzzare finemente il prezzemolo.
6. Mischiare al macinato il riso, le spezie e il prezzemolo e cuocere brevemente insieme.
7. Riempire ciascuna metà di peperone con il composto di riso e macinato e disporle una accanto all'altra in una pirofila.
8. Cuocere nel forno caldo per circa 45 minuti.
9. Nel frattempo mischiare lo yogurt alle spezie e montare a neve.
10. Spolverare con la paprika e servire insieme ai peperoni ripieni.

QUICHE SALATA DI VERDURE

Tempo di preparazione: **20 min**
Tempo di cottura: **50 min**

Ingredienti:
per 12 pezzi
- 1 cipolla
- 1 zucchina
- 1 carota
- 1 peperone rosso
- 100 g prosciutto cotto
- 3 uova
- 150 g formaggio grattugiato
- 2 cucchiaini brodo vegetale granulare
- 180 g farina
- 1 bustina di lievito
- Sale
- Pepe
- Burro per la teglia

1. Preriscaldare il forno a 180 °C. Rivestire con carta da forno una teglia con fondo removibile. Spalmare uno strato sottile di burro sulla carta da forno e sul bordo.
2. Sbucciare la cipolla e tagliarla finemente a dadini. Tagliare a dadini anche il prosciutto.
3. Pulire, lavare e tagliare sempre a dadini la zucchina, la carota e il peperone.
4. Mischiare bene tra loro verdure, prosciutto, uova, formaggio, sale, pepe e brodo granulare.
5. Setacciarvi sopra la farina e il lievito e lavorarli nell'impasto.
6. Sistemare e stendere bene il composto nella teglia.
7. Cuocere nel forno caldo per circa 50 minuti fino a doratura.

PADELLATA DI TACCHINO E VERDURE

Tempo di preparazione: **20 min**
Tempo di cottura: **15 min**
Tempo di riposo: **30 min**

Ingredienti:
per 2 porzioni
- 250 g petto di tacchino
- 3 cucchiai di salsa di soia
- ½ peperone rosso
- ½ peperone giallo
- 1 zucchina piccola
- 2 carote
- 1 cipolla
- 1 spicchio d'aglio
- 2 cucchiai d'olio
- 200 ml brodo vegetale
- Sale
- Pepe
- Peperoncino in polvere
- 2 cucchiai di panna acida

1. Lavare e tamponare la carne di tacchino, eliminarne nervi o grasso e tagliarla a strisce.
2. Unire le strisce di carne e la salsa di soia in un sacchetto per freezer e mischiarle bene. Lasciar riposare in frigo per 30 minuti.
3. Nel frattempo sbucciare, pulire e lavare le verdure e tagliarle in piccoli pezzi o grattugiarle.
4. Scaldare l'olio. Rosolarvi la carne.
5. Unire le cipolle e l'aglio, cuocere insieme per 3 minuti a fuoco lento.
6. Mischiarvi il resto delle verdure e soffriggere per 3 minuti.
7. Stemperare col brodo vegetale. Unire le spezie. Cuocere il tutto a fuoco lento per 5 - 8 minuti.
8. Servire la padellata di tacchino e verdure con la panna acida.

QUICHE DI CARNE MACINATA

Tempo di preparazione: **15 min**
Tempo di cottura: **25 - 30 min**

Ingredienti:
per 4 porzioni
- 2 fette di pan carrè
- ¼ cavolo cinese
- 500 g carne macinata mista
- 2 uova
- 1 peperone giallo
- 1 peperone rosso
- 10 pomodorini
- 100 g formaggio grattugiato
- Sale
- Pepe
- Polvere di paprika
- Origano
- 4 cucchiai di panna acida

1. Preriscaldare il forno a 200 °C. Rivestire una teglia rotonda (26 cm di diametro) con carta da forno.
2. Bagnare il pan carrè in acqua.
3. Tagliare finemente e lavare il cavolo cinese.
4. Mischiare bene e condire in una ciotola il macinato, il pan carrè schiacciato, le uova e il cavolo cinese.
5. Sistemare il composto nella teglia distribuendolo uniformemente. Premerlo un po' per compattarlo.
6. Pulire, lavare e tagliare finemente a dadini i peperoni. Cospargervi il macinato.
7. Tagliare i pomodori a metà e distribuirli allo stesso modo sul macinato.
8. Cospargere di formaggio e cuocere nel forno caldo per circa 25 - 30 minuti.
9. Servire con la panna acida.

BOCCONCINI DI POLLO

Tempo di preparazione: **15 min**
Tempo di cottura: **20 min**

Ingredienti:
per 4 porzioni
- 2 confezioni di champignon
- 600 g filetti di petto di pollo
- 2 cucchiai d'olio
- 2 cipolle
- 400 g panna acida
- 200 ml latte
- 200 ml brodo vegetale
- 1 cucchiaino di senape
- 1 cucchiaino di miele
- Sale
- Pepe
- Polvere di curry
- Polvere di paprika

1. Scolare gli champignon. Event. spezzettare i funghi più grandi.
2. Lavare, tamponare e tagliare a strisce sottili la carne di pollo.
3. Scaldare l'olio. Rosolarvi bene la carne all'incirca per 8 minuti. Togliere la carne dalla padella e tenerla in caldo.
4. Sbucciare e tagliare finemente a dadini le cipolle. Saltare le cipolle nella padella. Unire i funghi e saltarli per 5 minuti.
5. Mischiare le strisce di pollo ai funghi.
6. Aggiungere la panna acida, il latte e il brodo vegetale mescolando e scaldare a fuoco lento. Non far più cuocere!
7. Regolare di senape, miele e spezie i bocconcini.

INSALATA DI GYROS

Tempo di preparazione: **30 min**
Tempo di cottura: **10 min**

Ingredienti:
per 2 porzioni
- 200 g gyros, già condito
- 2 pomodori
- ½ cetriolo da insalata
- 100 g cavolo bianco
- 100 g cavolo rosso
- 100 g feta light
- 200 g zaziki
- Sale
- Pepe
- Peperoncino in polvere
- Olio per friggere

1. Arrostire bene la carne nell'olio bollente e lasciar raffreddare.
2. Lavare e pulire i pomodori, il cetriolo, il cavolo bianco e il cavolo rosso.
3. Tagliare a dadini i pomodori, il cetriolo e la feta. Grattugiare finemente il cavolo bianco e il cavolo rosso.
4. Amalgamare bene in una ciotola la carne, le verdure e lo zaziki.
5. Regolare di sale, pepe e peperoncino in polvere l'insalata.

ROLLÈ DI MAIALE AL FORNO

Tempo di preparazione: **15 min**
Tempo di cottura: **15 min**

Ingredienti:
per 2 porzioni
- 4 fettine di maiale da 75 g
- 2 anelli di ananas in scatola
- 2 fette di prosciutto cotto
- 100 g Emmentaler grattugiato
- 1 cucchiaio d'olio
- 100 ml brodo di carne
- 2 cucchiai di succo d'ananas
- Sale
- Pepe
- 1 cucchiaio di farina

1. Preriscaldare il forno a 200 °C.
2. Lavare, tamponare, battere e condire con sale e pepe le fettine di carne.
3. Condire ogni fettina con mezzo anello di ananas e mezza fetta di prosciutto. Cospargere ciascuna fettina con un cucchiaino di formaggio.
4. Arrotolare la fettina e fissarla con uno spiedino in legno.
5. Riscaldare l'olio in una padella. Rosolarvi bene i rollè per circa 5 minuti.
6. Sistemare poi i rollè su una teglia e cospargervi sopra il resto del formaggio.
7. Gratinare per circa 10 minuti nel forno caldo.
8. Nel frattempo versare il brodo di carne e il succo d'ananas nella padella. Far bollire per 5 minuti, finché non si scioglie il grasso rimasto sul fondo della padella.
9. Unire il sugo alla farina e regolare prima di servire.

ZUPPA DI PATATE E SALSICCIA

Tempo di preparazione: **20 min**
Tempo di cottura: **30 min**

Ingredienti:
per 2 porzioni
- 1 cipolla
- 125 g verdure da minestra
- 500 g patate
- ½ cucchiaio di burro
- 1 foglia d'alloro
- Sale
- Pepe
- 700 ml brodo vegetale
- 250 g salsiccia o pancetta a dadini
- 2 cucchiaini di panna acida

1. Sbucciare e sminuzzare finemente la cipolla. Pulire le verdure da minestra e tagliarle a dadini.
2. Sbucciare, lavare e tagliare a dadini le patate.
3. Scaldare il burro. Soffriggervi la cipolla. Aggiungere le verdure da minestra, cuocere insieme per circa 5 minuti a fuoco lento.
4. Condire con sale e pepe. Unire la foglia d'alloro e il brodo vegetale.
5. Aggiungere nel brodo i dadini di patate. Portare a ebollizione. Cuocere per circa 15 - 20 minuti finché le patate non diventano ben morbide.
6. Nel frattempo tagliare a dadini la salsiccia oppure arrostire la pancetta in una padella antiaderente senza aggiungere grassi.
7. Rimuovere la foglia d'alloro dalla zuppa.
8. Ridurre la zuppa in purea fino a raggiungere la consistenza desiderata, poi unire alla panna acida. Interrompere la bollitura!
9. Regolare ancora una volta la zuppa.
10. Servire con i dadini di salsiccia o di pancetta.

PETTO DI TACCHINO MARINATO PICCANTE

Tempo di preparazione: **15 min**
Tempo di cottura: **25 min**
Tempo di riposo: **30 min**

Ingredienti:
per 4 porzioni
- 600 g filetto di petto di tacchino
- 1 cucchiaino di sale
- 1 cucchiaino di pepe
- 1 cucchiaio di polvere di paprika
- 2 cucchiai d'olio
- 5 cucchiai di concentrato di pomodoro
- 200 ml vino rosso secco
- 500 ml brodo di carne
- 1 cucchiaio di miele
- 1 cucchiaio di salsa Worcestershire
- 1 confezione di fagioli rossi
- 1 confezione di granturco
- ½ cucchiaio di pepe
- ½ cucchiaio di fiocchi di peperoncino
- ½ cucchiaio di basilico
- 1 cucchiaino di cumino
- 1 cucchiaino di origano

1. Lavare e tamponare la carne di tacchino, tagliarla a dadini di circa 2 cm e mischiarla per bene in una ciotola insieme all'olio, il sale, il pepe e la polvere di paprika. Coprire la ciotola e lasciare marinare in frigo per circa 30 minuti.
2. Scaldare una padella coi bordi alti. Rosolarvi i dadini di tacchino a fuoco vivo. Unire il concentrato di pomodoro e cuocere brevemente insieme.
3. Sfumare col vino rosso.
4. Aggiungere il brodo di carne, il miele e la salsa Worcestershire mescolando. Portare a ebollizione mescolando.
5. Chiudere col coperchio e far sobbollire per 5 minuti a fuoco lento.
6. Far sgocciolare i fagioli e il granoturco con l'aiuto di un colino.
7. Aggiungere alla carne il pepe, i fiocchi di peperoncino, il basilico, il cumino e l'origano. Far sobbollire ancora per 5 minuti, mescolando.
8. Mischiarvi i fagioli rossi e il granturco e lasciar riposare per circa 10 minuti, interrompendo la bollitura.

SPAGHETTI ALLA PANNA CON PROSCIUTTO E FORMAGGIO

Tempo di preparazione: **10 min**
Tempo di cottura: **20 min**

Ingredienti:
per 4 porzioni
- 400 g spaghetti
- 4 fette di prosciutto cotto
- 200 ml panna
- 200 ml latte
- 200 g formaggio fuso
- 100 g Emmentaler grattugiato
- Sale
- Pepe
- Noce moscata
- 4 cucchiaini di parmigiano grattugiato

1. Portare a ebollizione l'acqua dopo averla salata e cuocere la pasta al dente.
2. Nel frattempo tagliare il prosciutto a strisce sottili.
3. Scaldare la panna e il latte in una pentola a fuoco lento. Unire il formaggio fuso e l'Emmentaler e scioglierli mescolando.
4. Condire la salsa.
5. Aggiungere le strisce di prosciutto alla salsa. Scaldarle senza cuocerle.
6. Scolare la pasta. Servire con la salsa calda e il parmigiano grattugiato.

PANINI ALLA PIZZA

Tempo di preparazione: **15 min**
Tempo di cottura: **10 - 15 min**

Ingredienti:
per 3 porzioni
- 200 g champignon
- ½ peperone rosso
- ½ peperone giallo
- ½ peperone verde
- 75 g salame
- 125 g prosciutto cotto
- 100 ml panna
- 100 ml salsa di pomodoro
- Sale
- Pepe
- Condimento per pizza
- 3 panini
- 150 g formaggio grattugiato

1. Preriscaldare il forno a 200 °C. Rivestire una teglia con carta da forno.
2. Pulire, lavare e tagliare finemente a dadini gli champignon. Tagliare a piccoli dadini anche il salame e il prosciutto.
3. Montare la panna. Mescolarvi i funghi, i peperoni, il salame, il prosciutto e la salsa di pomodoro. Speziare quanto basta.
4. Tagliare a metà i panini in senso orizzontale. Spalmare il composto di pizza sulle fette di pane.
5. Spolverare col formaggio e gratinare nel forno caldo per 10 - 15 minuti.

INSALATA DI SALSICCIA

Tempo di preparazione: **15 min**
Tempo di cottura: **6 - 8 min**
Tempo di riposo: **30 min**

Ingredienti:
per 2 persone
- 12 salsicce di Norimberga
- 1 cipolla
- ½ mazzo di ravanelli
- ½ mazzo di erba cipollina
- 1,5 cucchiaio d'olio
- 1,5 cucchiaio d'aceto
- Sale
- Pepe
- 1 pizzico di zucchero

1. Rosolare le salsicce in un po' d'olio, lasciare raffreddare.
2. Pulire e lavare i ravanelli, la cipolla e l'erba cipollina. Tagliare i ravanelli a fini fettine, la cipolla e l'erba cipollina a sottili rondelle.
3. Marinare olio, aceto, sale, pepe e zucchero.
4. Tagliare le salsicce a fette spesse circa 0,5 cm.
5. Mischiare bene le salsicce, i ravanelli, l'erba cipollina e la cipolla con la marinata.
6. Prima di consumare, lasciar riposare per circa 30 minuti.

CORDON BLEU DI TACCHINO ALLA CAPRESE

Tempo di preparazione: **15 min**
Tempo di cottura: **10 - 15 min**

Ingredienti:
per 2 porzioni
- 2 sottili cotolette di tacchino da 100 g
- ½ pomodoro
- ½ mozzarella
- 4 foglie di basilico
- 2 cucchiai di ketchup
- Sale
- Pepe
- 2 cucchiai d'olio

1. Lavare e tamponare la carne, salarla e peparla su entrambi i lati.
2. Pulire, lavare e tagliare a fette i pomodori.
3. Scolare la mozzarella e tagliarla a fette.
4. Lavare le foglie di basilico.
5. Spalmare le cotolette di tacchino con un sottile strato di ketchup.
6. Sistemare una fetta di pomodoro, una di mozzarella e 2 foglie di basilico su una metà di ciascuna cotoletta.
7. Chiudere le cotolette e fissarle con degli spiedini in legno.
8. Riscaldare l'olio in una padella. Rosolarvi ciascun lato delle cotolette per circa 10 - 15 minuti.

PASTICCIO DI PATATE E VERDURE

Tempo di preparazione: **15 min**
Tempo di cottura: **30 min**

Ingredienti:
per 4 porzioni
- 800 g patate
- 3 cucchiai d'olio
- 600 g verdure, ad es. cavolfiore, porro, peperone, cavolo rapa
- 1 cipolla
- 1 spicchio d'aglio
- 100 g prosciutto cotto
- 200 ml brodo vegetale
- Sale
- Pepe
- 100 g formaggio
- Polvere di paprika

1. Preriscaldare il forno a 200 °C. Rivestire una teglia con carta da forno.
2. Sbucciare le patate e tagliarle a dadini di circa 1 cm. In una ciotola, mischiare bene i dadini di patate insieme a 2 cucchiai d'olio.
3. Spargere i dadini di patate sulla teglia. Cuocere nel forno caldo per circa 20 minuti finché le patate non diventano croccanti.
4. Pulire, lavare e tagliare a piccoli dadini le verdure.
5. Sbucciare la cipolla e lo spicchio d'aglio, sminuzzarli finemente e soffriggerli nell'olio bollente.
6. Aggiungere e saltare le verdure. Tagliare a dadini il prosciutto e cuocerlo insieme al resto.
7. Unire il brodo vegetale e le spezie.
8. Mischiare alle verdure le patate e il formaggio finemente tagliato a dadini.
9. Quando il formaggio sarà sciolto, spolverare con la polvere di paprika e servire.

GYROS DI TACCHINO CON TZATZIKI

Tempo di preparazione: **15 min**
Tempo di cottura: **10 - 15 min**
Tempo di riposo: **15 min**

Ingredienti:
per 4 porzioni
- 300 g cotoletta di tacchino
- 2 cucchiai d'olio
- 1 cucchiaio di spezie per gyros
- 1 cipolla
- ½ cetriolo da insalata
- 1 spicchio d'aglio
- 100 g yogurt naturale
- 125 g quark magro
- Sale
- Pepe

1. Dopo aver lavato e tamponato la carne di tacchino, privarla di grasso e nervi e tagliarla a strisce.
2. Mischiare olio e spezie per gyros. Mischiare bene in una ciotola con le strisce di tacchino.
3. Lasciare marinare per circa 15 minuti all'interno di un foglio di alluminio.
4. Sbucciare e tagliare a rondelle le cipolle.
5. Nel frattempo preparare lo tzatziki.
6. Lavare, sbucciare, grattugiare finemente il cetriolo, dopodiché farlo sgocciolare con l'aiuto di un colino.
7. Sbucciare e sminuzzare finemente lo spicchio d'aglio.
8. Mantecare lo yogurt, il quark e l'aglio. Incorporare il cetriolo grattugiato. Regolare di sale e pepe.
9. Riscaldare una padella. Rosolarvi bene la carne. Unire le rondelle di cipolla e cuocere brevemente insieme.
10. Servire il gyros con lo tzatziki. Ottimo da accompagnare con schiacciate e piadine.

PASTICCIO DI QUARK

Tempo di preparazione: **10 min**
Tempo di cottura: **15 min**
Tempo di riposo: **10 min**

Ingredienti:
per 2 porzioni
- 500 g quark magro
- 50 g fiocchi d'avena grossi
- 300 g frutta fresca a scelta
- 3 uova
- 1 - 2 cucchiai di miele
- 1 pizzico di sale

1. Preriscaldare il forno a 180 °C in modalità ventilata. Ungere leggermente una pirofila.
2. Aggiungere i fiocchi d'avena nel quark mescolando e farli inzuppare per 10 minuti.
3. Pulire, lavare e tagliare a dadini la frutta.
4. Dividere i tuorli dagli albumi delle uova. Montare gli albumi con il sale.
5. Mischiare quark e tuorli. Incorporare la frutta.
6. Dolcificare quanto basta il composto di quark con il miele.
7. Infine incorporare l'albume montato a neve.
8. Sistemare e stendere bene il composto nella pirofila.
9. Cuocere il pasticcio nel forno caldo per circa 15 minuti fino a doratura.
10. Servire ancora caldo.

PADELLATA DI RISO SUPERVELOCE

Tempo di preparazione: **15 min**
Tempo di cottura: **25 min**

Ingredienti:
per 4 porzioni
- 1 riso in busta
- ½ confezione di mais
- 1 cipolla
- 1 spicchio d'aglio
- 1 zucchina
- 1 peperone rosso
- 1 peperone giallo
- 1 cucchiaio d'olio
- 500 g carne macinata mista
- 250 ml brodo vegetale
- Sale
- Pepe
- Polvere di paprika ungherese delicata
- Peperoncino in polvere

1. Cuocere il riso per circa 10 minuti in acqua salata. Non deve ancora ammorbidirsi.
2. Scolare il mais.
3. Sbucciare la cipolla e l'aglio, tagliarli finemente a dadini e soffriggerli nell'olio bollente.
4. Unire il macinato e arrostirlo fino a farlo diventare friabile. Condire.
5. Sbucciare e tagliare a dadini la zucchina. Pulire, lavare e tagliare a dadini i peperoni.
6. Aggiungere i peperoni e il riso mescolando.
7. Stemperare col brodo vegetale. Fare impregnare completamente il riso tendendolo chiuso col coperchio per circa 10 minuti.
8. Dopo circa 5 minuti aggiungere la zucchina. Mescolare bene il tutto.
9. Prima di servire, regolare ancora una volta.

ARROSTO IN SALAMOIA CARAMELLATO

Tempo di preparazione: **10 min**
Tempo di cottura: **5 min**
Tempo di riposo: **10 min**

Ingredienti:
per 4 porzioni
- 1 kg collo di maiale/coppa di maiale disossata
- 2 - 3 pacchi di sale (da ca. 500 g)
- 2 spicchi d'aglio
- 1 cucchiaio di senape
- 3 cucchiai di miele

1. Preriscaldare il forno a 200 °C.
2. Riempire una pirofila di sale oppure rivestire una teglia dai bordi bassi con un foglio di alluminio e poi riempirla di sale.
3. Lavare e tamponare la carne.
4. Sbucciare e schiacciare gli spicchi d'aglio. Strofinarvi tutto l'arrosto.
5. Sistemare il pezzo di carne sul sale. Durante la cottura l'arrosto non deve essere girato.
6. Infornare la pirofila/teglia e lasciarla nel forno caldo per circa 2 ore. Il tempo di cottura dipende dallo spessore del pezzo di carne.
7. Mischiare tra loro senape, miele, sale e pepe.
8. Circa 30 minuti prima della fine della cottura, spalmarvi l'arrosto. Ripetere l'operazione circa ogni 10 minuti, fino a ottenere una bella crosta.
9. Togliere la carne dal forno, farla riposare coperta da un foglio di alluminio per circa 10 minuti.

CONSIGLIO: *l'arrosto è buonissimo anche freddo. Ad esempio, tagliato a fettine sottili sul pane con un po' di senape o rafano.*

INSALATA DI PORRO E PROSCIUTTO

Tempo di preparazione: **15 min**
Tempo di riposo: **60 min**

Ingredienti:
per 2 porzioni
- 150 g porro
- 150 g prosciutto cotto
- 1 uovo
- 1 cucchiaino di senape
- 1 pizzico di zucchero
- 1 cucchiaino di succo di limone
- 100 ml olio
- Sale
- Pepe

1. Pulire, lavare e sminuzzare finemente il porro. Tagliare finemente a dadini il prosciutto.
2. Sbattere l'uovo. Aggiungere senape, zucchero e succo di limone mescolando.
3. Versare l'olio mescolando.
4. Mischiare prosciutto, porro e maionese. Lasciar riposare per almeno 60 minuti.

INSALATA DI PATATE CALDA CON STRISCE DI TACCHINO

Tempo di preparazione: **20 min**
Tempo di cottura: **25 - 30 min**

Ingredienti:
per 2 porzioni
- 400 g patate piccole
- 150 g filetti di petto di tacchino
- 1 mazzo di cipollotti
- 150 g broccoli
- 150 ml maionese light
- Sale
- Pepe

1. Preriscaldare il forno a 200 °C in modalità convenzione.
2. Lavare le patate e tagliarle a bocconcini.
3. Lavare, tamponare e tagliare a strisce la carne di tacchino.
4. Pulire i cipollotti lavati, poi tagliarli a rondelle.
5. Pulire, privare dei gambi e lavare i broccoli.
6. Mischiare i bocconcini di patate, la carne di tacchino e i broccoli con tre cucchiai di maionese. Distribuire in una pirofila o in una teglia appositamente preparata.
7. Cuocere nel forno caldo per circa 25 - 30 minuti.
8. Travasare l'insalata di patate in una ciotola.
9. Mischiarvi il resto della maionese e i cipollotti e servire.

STRISCE DI PETTO DI TACCHINO CON VERDURE AL WOK

Tempo di preparazione: **25 min**
Tempo di cottura: **25 min**

Ingredienti:
per 4 porzioni
- 1 kg filetto di petto di tacchino
- 500 g cavolo cappuccio
- 2 gambi di porro
- 5 carote
- 5 cucchiai di salsa piccante agrodolce
- 2 cucchiai di salsa di soia
- 2 pizzichi di polvere di zenzero
- 2 pizzichi di zucchero
- 10 spicchi d'aglio marinati

1. Lavare, tamponare, privare dei nervi e del grasso la carne di tacchino e tagliarla a strisce.
2. Pulire e grattugiare finemente il cavolo cappuccio, il porro e le carote.
3. Scaldare il wok. Cuocervi le verdure mescolando per circa 10 minuti.
4. Aggiungere la salsa di soia, la polvere di zenzero, la salsa piccante e lo zucchero mescolando.
5. Mettere da parte le verdure nel wok.
6. Scaldare un po' d'olio degli spicchi d'aglio nel wok. Rosolarvi le strisce di carne di tacchino per 10 minuti.
7. Sminuzzare finemente gli spicchi d'aglio e mischiarli nella carne. Cuocere bene il tutto per altri 5 minuti.
8. Servire le verdure con le strisce di tacchino.

GULASCH DI SALSICCIA

Tempo di preparazione: **15 min**
Tempo di cottura: **30 min**

Ingredienti:
Per 2 porzioni
- 1 confezione piccola di champignon
- 1 peperone rosso
- 1 peperone giallo
- 1 cipolla
- 1 spicchio d'aglio
- 2 coppie di salsicce viennesi
- 1 cucchiaio d'olio
- 200 ml brodo vegetale
- 200 ml salsa di pomodoro
- 1 cucchiaio di panna
- 1 cucchiaio di concentrato di pomodoro
- 1 cucchiaino di tabasco
- ½ cucchiaio di farina
- Sale
- Pepe
- Polvere di paprika ungherese delicata
- Erbe a scelta

1. Scolare i funghi.
2. Pulire e tagliare finemente a dadini i peperoni. Sbucciare e sminuzzare finemente la cipolla e l'aglio.
3. Tagliare a fette sottili le salsicce viennesi.
4. Scaldare l'olio in una padella coi bordi alti. Saltarvi la cipolla e l'aglio.
5. Aggiungere le salsicce e rosolarle mescolando.
6. Aggiungere i funghi e i peperoni, cuocere brevemente insieme.
7. Unire il brodo vegetale e la salsa di pomodoro.
8. Aggiungere il concentrato di pomodoro, il tabasco, la panna e la farina mescolando. Condire.
9. Chiudere col coperchio e lasciar riposare a fuoco medio per circa 20 minuti. Nel frattempo mescolare.
10. Regolare prima di servire.

PESCE & FRUTTI DI MARE

PADELLATA DI PESCE MEDITERRANEA

Tempo di preparazione: **15 min**
Tempo di cottura: **25 min**

Ingredienti:
Per 2 porzioni
- 1 cipolla
- 1 spicchio d'aglio
- 2 patate
- 1 cucchiaio d'olio d'oliva
- 1 peperone rosso
- 1 peperone giallo
- 2 pomodori
- 2 filetti di pesce da 125 g
- 200 ml brodo vegetale
- Sale
- Pepe
- Erbe italiane, ad esempio timo, origano, rosmarino
- ½ vasetto di panna

1. Sbucciare e tagliare a dadini la cipolla, l'aglio e le patate.
2. Pulire, lavare e tagliare sempre a dadini i peperoni e i pomodori.
3. Lavare, tamponare e tagliare a bocconcini i filetti di pesce.
4. Scaldare l'olio.
5. Rosolare ogni lato dei dadini di pesce. Poi toglierli dalla padella.
6. Soffriggere le cipolle.
7. Aggiungere i dadini di patate, cuocere insieme per circa 5 minuti.
8. Sfumare col brodo vegetale. Aggiungere i dadini di peperoni.
9. Condire con il sale, il pepe e le erbe italiane. Far sobbollire il tutto per circa 10 minuti.
10. Unire il pesce e lasciar riposare ancora per alcuni minuti.
11. Aggiungere la panna mescolando. Interrompere la bollitura.
12. Prima di servire, regolare ancora una volta la padellata.

PASTICCIO DI PESCE RAPIDO

Tempo di preparazione: **15 min**
Tempo di cottura: **35 - 40 min**

Ingredienti:
Per 2 porzioni
- Burro per la pirofila
- 500 g filetti di pesce, ad es. merluzzo carbonaro
- 1 cipolla
- 2 cucchiai di concentrato di pomodoro
- 2 cucchiai di succo di limone
- 1/8 l panna
- Sale
- Pepe
- Abbondante polvere di paprika delicata
- ½ mazzo di prezzemolo fresco
- Erbe a scelta, ad es. rosmarino, origano, basilico, dragoncello
- 100 g formaggio grattugiato

1. Preriscaldare il forno a 180 °C. Imburrare una pirofila.
2. Lavare e tamponare i filetti di pesce e poi disporli l'uno accanto all'altro nella pirofila. Tagliare in senso orizzontale dei filetti molto spessi.
3. Sbucciare e sminuzzare finemente la cipolla.
4. Lavare, asciugare scuotendo e sminuzzare finemente il prezzemolo.
5. Mischiare bene tra loro in una ciotola gli altri ingredienti ad eccezione del formaggio, regolare.
6. Versare la salsa sul pesce.
7. Spolverare col formaggio e cuocere per 35 - 40 minuti nel forno caldo.

TAGLIATELLE PANNA E SALMONE

Tempo di preparazione: **10 min**
Tempo di cottura: **20 min**

Ingredienti:
Per 2 porzioni
- 200 g tagliatelle
- 1 cipolla
- 1 cucchiaio di burro
- 1 gambo di porro
- 1 cucchiaino di farina
- 150 ml latte
- 150 g salmone affumicato
- 50 g parmigiano grattugiato
- Sale
- Pepe
- Noce moscata

1. Cuocere la pasta in base alle indicazioni.
2. Sbucciare e tagliare finemente a dadini la cipolla. Pulire, lavare e tagliare a sottili rondelle il porro.
3. Soffriggere i dadini di cipolla nel burro bollente. Successivamente unire il porro, spolverarlo con la farina, mescolarlo, farlo un po' imbiondire. Cuocere brevemente insieme.
4. Unire il latte. Far sobbollire leggermente per circa 10 minuti a fuoco lento.
5. Tagliare a strisce il salmone affumicato.
6. Aggiungere il parmigiano alla salsa mescolando, in modo tale che il parmigiano si sciolga e la consistenza diventi più densa.
7. Condire la salsa.
8. Aggiungere le strisce di salmone affumicato alla salsa.
9. Scolare la pasta, servire con la salsa di salmone.

PESCE AL CARTOCCIO

Tempo di preparazione: **15 min**
Tempo di cottura: **20 - 25 min**

Ingredienti:
Per 2 porzioni
- 1 pomodoro
- 1 cipolla
- ½ mazzo di basilico fresco
- 2 filetti di pesce da 200 g (ad es. merluzzo nordico o merluzzo carbonaro), freschi o surgelati
- Sale
- Pepe
- Succo di limone

1. Preriscaldare il forno a 200 °C.
2. Sbucciare la cipolla. Lavare il pomodoro e privarlo del torsolo. Affettare cipolla e pomodoro.
3. Lavare, asciugare scuotendo e sminuzzare finemente il basilico.
4. Disporre sulla superficie di lavoro due fogli di alluminio con la parte lucida rivolta verso l'alto.
5. Su ogni foglio sistemare le fette di cipolla una accanto all'altra in modo che corrispondano alla grandezza dei filetti.
6. Lavare e tamponare i filetti di pesce; poi condirli su entrambi i lati e versarvi il succo di limone a gocce.
7. Sistemare ciascun filetto sulle fette di cipolla e coprirli con il basilico tritato.
8. Aggiungervi sopra anche le fette di pomodoro.
9. Ora chiudere saldamente il pacchetto, di modo che il succo non possa fuoriuscire.
10. Introdurre entrambi i pacchetti nel forno caldo. Cuocere per 20 - 25 minuti.
11. Servire nell'alluminio.

VEGETARIANO

GNOCCHETTI DI FORMAGGIO CON CIPOLLE FONDENTI

Tempo di preparazione: **10 min**
Tempo di cottura: **25 min**

Ingredienti:
Per 2 porzioni
- 2 cipolle
- 1 cucchiaio d'olio
- 100 ml panna
- 200 g formaggio fuso "Peperoni"
- 500 g gnocchetti Spätzle dal banco frigo
- Pepe
- 2 cucchiai di erba cipollina appena tagliata

1. Sbucciare, tagliare a metà e poi a sottili rondelle le cipolle.
2. Scaldare l'olio. Arrostirvi le cipolle fino a doratura. Aggiungere un po' d'acqua mescolando. Far consumare completamente l'acqua. Ripetere la procedura. Poi condire le cipolle con sale e pepe e tenerle al caldo.
3. Scaldare la panna e il formaggio fuso in una padella mescolando, finché il formaggio non si scioglie.
4. Aggiungere gli gnocchetti alla salsa e scaldare.
5. Regolare di pepe la salsa.
6. Servire gli gnocchetti di formaggio con cipolle fondenti e rotolini di erba cipollina.

MINESTRONE DI CAVOLI RAPA E CAROTE

Tempo di preparazione: **15 min**
Tempo di cottura: **20 min**

Ingredienti:
Per 2 porzioni
- 2 cavoli rapa
- 4 carote
- 1 cipolla
- 1 spicchio d'aglio
- 1 cucchiaio d'olio d'oliva
- 500 ml brodo vegetale
- Sale
- Pepe
- Noce moscata
- 1 cucchiaino di pesto al basilico
- 2 cucchiai di prezzemolo appena tritato

1. Sbucciare i cavoli rapa, le carote, la cipolla e lo spicchio d'aglio.
2. Sminuzzare finemente la cipolla e l'aglio e soffriggerli nell'olio bollente.
3. Tagliare i cavoli rapa e le carote a bocconcini. Unire le verdure, cuocere insieme per circa 5 minuti a fuoco lento.
4. Sfumare col brodo vegetale. Far sobbollire leggermente per circa 5 - 8 minuti.
5. Regolare di sale, pepe, noce moscata e pesto il minestrone.
6. Spolverare col prezzemolo e servire.

CHILI DI LENTICCHIE VEGETARIANO

Tempo di preparazione: **15 min**
Tempo di cottura: **30 min**

Ingredienti:
Per 2 porzioni
- 1 cipolla
- 1 spicchio d'aglio
- 1 cucchiaio di burro
- 1 patata
- 125 g lenticchie rosse
- 500 ml brodo vegetale
- ½ confezione di mais
- ½ confezione di fagioli rossi
- 400 ml passata di pomodoro
- Sale
- Pepe
- Peperoncino in polvere
- Polvere di paprika

1. Sbucciare e sminuzzare finemente la cipolla e lo spicchio d'aglio.
2. Scaldare il burro in una padella. Farvi soffriggere le cipolle e l'aglio.
3. Sbucciare e tagliare finemente a dadini la patata. Aggiungere alle cipolle.
4. Sciacquare bene le lenticchie.
5. Aggiungerle al brodo vegetale nella pentola. Cuocere per circa 20 minuti. Le lenticchie devono diventare morbide.
6. Far sgocciolare il mais e i fagioli rossi con l'aiuto di un colino.
7. Aggiungere entrambi nella pentola. Unire anche la passata di pomodoro. Mischiare bene e scaldare ancora.
8. Speziare quanto basta prima di servire.

CURRY DI FINOCCHI E CAROTE

Tempo di preparazione: **10 min**
Tempo di cottura: **5 min**
Tempo di riposo: **35 min**

Ingredienti:
Per 4 porzioni
- 2 bulbi di finocchio
- 4 carote
- 4 cucchiai d'olio
- 1 cm zenzero fresco
- 400 ml brodo vegetale
- 200 ml latte di cocco
- Sale
- Pepe
- Pasta di curry

1. Pulire e tagliare a strisce sottili o grattugiare i finocchi e le carote.
2. Scaldare l'olio in una padella coi bordi alti. Unire le verdure e arrostirle mescolando per circa 5 minuti.
3. Pulire e sminuzzare finemente lo zenzero.
4. Unire il brodo vegetale e lo zenzero. Far sobbollire per 10 minuti a fuoco medio.
5. Aggiungere il latte di cocco mescolando e condire con il sale, il pepe e la pasta di curry.
6. Ottimo da accompagnare con il riso.

UOVO STRAPAZZATO ALLA MEDITERRANEA CON FETA E OLIVE

Tempo di preparazione: **10 min**
Tempo di cottura: **8 - 10 min**

Ingredienti:
Per 2 porzioni
- 6 uova
- 150 g feta
- 2 pomodori
- 10 olive
- 2 cipolle
- 2 cucchiai d'olio
- Sale
- Pepe
- Polvere di paprika
- 2 cucchiai di rotolini di erba cipollina

1. Sbattere le uova e condirle con sale, pepe e polvere di paprika.
2. Sbucciare e sminuzzare finemente le cipolle. Lavare, privare del torsolo e tagliare a piccoli dadini i pomodori.
3. Tagliare a metà e poi a fette le olive.
4. Scaldare l'olio. Soffriggere le cipolle.
5. Unire i pomodori e le olive e cuocere insieme per circa 2 minuti.
6. Montare ancora una volta le uova, poi versarle sul composto di pomodori, cipolle e olive.
7. Sminuzzare la feta e distribuirla sull'uovo.
8. Mescolare l'uovo strapazzato e cuocerlo finché non raggiunge la consistenza desiderata.
9. Condire ancora una volta e servire con una spolverata di rotolini di erba cipollina.

INSALATA DI UOVA CON VERDURE FRESCHE

Tempo di preparazione: **15 min**
Tempo di cottura: **10 min**

Ingredienti:
Per 4 porzioni
- 5 uova
- ½ confezione di mais
- 1 spicchio d'aglio
- 1 cipolla
- 1 peperone, rosso o giallo
- ½ cetriolo da insalata
- 100 g formaggio fresco light
- 100 g yogurt naturale magro
- 100 g fiocchi di latte light
- 50 ml latte scremato
- 2 cucchiaini di salsa Worcester
- ½ cucchiaino di sale
- Pepe
- Polvere di paprika

1. Cuocere le uova fino a renderle sode, raffreddarle sotto l'acqua, rimuoverne i gusci e farle raffreddare.
2. Far sgocciolare il granturco con l'aiuto di un colino.
3. Sbucciare e sminuzzare finemente lo spicchio d'aglio e la cipolla.
4. Lavare, pulire e tagliare a dadini il peperone e il cetriolo.
5. Mischiare il formaggio fresco, lo yogurt, i fiocchi di latte e il latte. Condire con sale, pepe, polvere di paprika e salsa Worcester.
6. Mischiare tra loro aglio, cipolle, cetrioli, peperoni e granturco.
7. Tagliare a dadini le uova. Incorporare con cura e regolare ancora una volta prima di servire.

FETTE DI CAVOLI RAPA CON SALSA AL QUARK

Tempo di preparazione: **20 min**
Tempo di cottura: **20 min**

Ingredienti:
Per 4 porzioni
- 500 ml brodo vegetale
- 2 cavoli rapa
- 2 cucchiai di farina
- 2 uova
- 125 g parmigiano grattugiato
- 125 g mandorle tritate
- Olio per friggere
- 1 mazzo di erba cipollina
- 1 spicchio d'aglio
- 500 g quark magro
- 2 cucchiai di latte
- Sale
- Pepe

1. Portare a ebollizione il brodo vegetale.
2. Pulire i cavoli rapa e tagliarli a fette spesse circa 0,5 cm.
3. Cuocere le fette di cavoli rapa nel brodo vegetale bollente per circa 8 minuti. Toglierle dal brodo e farle raffreddare un po'.
4. Mischiare in un piatto il parmigiano e le mandorle. Sbattere le uova in un piatto con un po' di sale e pepe.
5. Impanare le fette di cavoli rapa. Per farlo, voltarle e girarle prima nella farina, poi nell'uovo sbattuto e infine nel mix di parmigiano e mandorle. Premere forte la pastella.
6. Scaldare l'olio in una padella.
7. Arrostirvi le fette di cavoli rapa da ogni lato fino a doratura.
8. Lavare, asciugare scuotendo e tagliare finemente a rotolini l'erba cipollina.
9. Sbucciare e sminuzzare finemente lo spicchio d'aglio.
10. Mantecare quark, latte, erba cipollina, aglio, sale e pepe.
11. Servire le fette di cavoli rapa con la salsa al quark.

INSALATA GRECA DEL CONTADINO

Tempo di preparazione: **20 min**

Ingredienti:
Per 2 porzioni
- 1 cipolla
- 250 g pomodori
- ½ cetriolo da insalata
- 1 peperone rosso
- 2 peperoni verdi
- 50 g olive nere snocciolate
- 100 g feta
- Origano
- 50 ml olio d'oliva estratto a freddo
- Succo di mezzo limone
- Sale
- Pepe
- Sale all'aglio

1. Sbucciare e tagliare a sottili rondelle la cipolla.
2. Pulire, lavare e tagliare a dadini o strisce i pomodori, i cetrioli e i peperoni.
3. Tagliare a dadini la feta. Spolverarla con l'origano.
4. Mischiare le olive, le verdure e i dadini di formaggio in una ciotola.
5. Marinare l'olio d'oliva, il succo di limone e le spezie, versare la marinatura sull'insalata e mischiare bene il tutto.

RATATOUILLE

Tempo di preparazione: **15 min**
Tempo di cottura: **30 min**

Ingredienti:
Per 2 porzioni
- ½ melanzana
- 1 zucchina
- 1 peperone rosso
- 1 peperone giallo
- 1 cipolla
- 2 spicchi d'aglio
- 2 cucchiai d'olio d'oliva
- 2 cucchiai di concentrato di pomodoro
- 1 confezione di pomodori a pezzi
- 1 cucchiaio di zucchero
- ½ cucchiaino di rosmarino fresco, tritato
- 1 cucchiaino di timo fresco, tritato
- 1 cucchiaino di salvia fresca, tritata
- Sale marino
- Pepe nero appena macinato

1. Sbucciare, pulire ed eventualmente lavare la melanzana, la zucchina, i peperoni, la cipolla e gli spicchi d'aglio.
2. Tagliare a dadini la cipolla e gli spicchi d'aglio. Dividere in quattro nel senso della lunghezza e poi tagliare a fette le melanzane e la zucchina, tagliare i peperoni a strisce.
3. Disporre le fette di melanzana una accanto all'altra in un piatto, salarle e lasciarle riposare per 10 minuti. Poi tamponarle con un canovaccio.
4. Scaldare un po' d'olio in una padella. Saltare le cipolle e la zucchina.
5. Unire i peperoni. Cuocere insieme per 3 minuti.
6. Unire le melanzane. Arrostire a fuoco vivo per 5 minuti mescolando.
7. Aggiungere il concentrato di pomodoro mescolando e rosolarlo insieme al resto.
8. Mischiarvi i pomodori a pezzi, l'aglio, le erbe fresche e lo zucchero.
9. Cuocere la ratatouille a fuoco medio per circa 20 minuti.
10. Se dovesse diventare troppo densa, aggiungere un po' d'acqua.
11. Prima di servire, regolare ancora una volta.

INSALATA FRESCA DI CETRIOLI

Tempo di preparazione: **10 min**
Tempo di riposo: **minimo 24 ore**

Ingredienti:
Per 4 porzioni
- 500 g cetrioli da insalata
- 1 cipolla
- 1 spicchio d'aglio
- 1 cucchiaino di sale
- 1,5 cucchiaio di zucchero
- 3 cucchiai d'aceto
- 1 cucchiaino di senape
- Aneto

1. Lavare, sbucciare e tagliare a fette i cetrioli.
2. Sbucciare e tagliare finemente a dadini la cipolla e lo spicchio d'aglio.
3. Versare tutti gli ingredienti in una ciotola.
4. Chiudere con un coperchio e scuotere bene.
5. Lasciar riposare in frigorifero per almeno 24 ore. Di tanto in tanto scuotere di nuovo

DESSERTS

TORTA DI MELE RAPIDISSIMA

Tempo di preparazione: **15 min**
Tempo di cottura: **20 min**

Ingredienti:
Per 1 teglia
- 4 uova
- 250 g zucchero
- 1 bustina di zucchero vanigliato
- 5 mele
- 400 g farina
- 1 bustina di lievito
- 200 ml olio
- 200 ml limonata senza zucchero

1. Preriscaldare il forno a 200 °C. Rivestire una teglia con carta da forno.
2. Mischiare le uova con lo zucchero e lo zucchero vanigliato finché lo zucchero non si scioglie.
3. Sbucciare, tagliare a metà, snocciolare e tagliare a fette le mele.
4. Con un cucchiaio, aggiungere al mix di uova e zucchero la farina e il lievito mescolando.
5. Aggiungere l'olio e la limonata. Mischiare il tutto fino a ottenere un impasto morbido.
6. Spalmare l'impasto sulla teglia. Distribuirvi uniformemente le fette di mela.
7. Cuocere nel forno per 20 minuti fino a doratura.

TIRAMISÙ ALLA FRAGOLA CON FORMAGGIO FRESCO DI CAPRA

Tempo di preparazione: **20 min**

Ingredienti:
Per 4 persone
- 300 g fragole
- 50 ml panna
- 150 g formaggio fresco di capra "Basilico"
- 1 cucchiaio di zucchero
- 1 bustina di zucchero vanigliato
- 5 foglie di basilico
- 1 cucchiaio di miele
- 1 cucchiaio di succo di limone
- 4 savoiardi
- 50 ml succo di frutta
- Foglie di basilico per decorare

1. Lavare e pulire le fragole. Mettere da parte 4 fragole per la decorazione. Tagliare a piccoli dadini le fragole.
2. Montare la panna.
3. Mantecare il formaggio fresco di capra, lo zucchero e lo zucchero vanigliato. Incorporare con cura 2 cucchiai di dadini di fragole.
4. Incorporare anche la panna.
5. Lavare e sminuzzare finemente le foglie di basilico.
6. Mischiare il basilico, le altre fragole, il miele e il succo di limone.
7. Fare a piccoli pezzi i savoiardi.
8. Distribuire i savoiardi in 4 bicchieri da dessert. Bagnarli col succo di frutta.
9. Distribuirvi sopra la crema di formaggio fresco alle fragole.
10. Decorare il dessert con le fragole e le foglie di basilico lavate.

GELATO ALLA FRUTTA FATTO IN CASA

Tempo di preparazione: **10 min**
Tempo di riposo: **2 h**

Ingredienti:
Per 4 porzioni
- 600 g frutta (surgelata), ad es. lamponi, fragole
- 500 g yogurt naturale magro
- 6 cucchiai d'acqua
- Liquido dolcificante
- 100 g frutta fresca per decorare
- Foglie di menta per decorare

1. Mettere a scongelare la frutta.
2. Mischiare lo yogurt e l'acqua con la frutta. Ridurre il tutto in purea con un frullatore a immersione.
3. Dolcificare il composto cremoso quanto basta. Riporre per almeno 2 ore nel congelatore.
4. Decorare il gelato con la frutta fresca e le foglie di menta lavate.

DOLCE DI QUARK AL MANDARINO

Tempo di preparazione: **15 min**

Ingredienti:
Per 2 porzioni
- 1 confezione piccola di mandarini
- 250 g quark magro
- 1 bustina di zucchero vanigliato
- Liquido dolcificante
- Qualche foglia di menta per decorare

1. Far sgocciolare i mandarini con l'aiuto di un colino. Raccoglierne il succo. Eventualmente ridurre gli spicchi più grossi.
2. Mantecare il quark con 2 - 3 cucchiai di succo di mandarino. Aggiungere lo zucchero vanigliato mescolando.
3. Immergere i mandarini nel quark.
4. Dolcificare quanto basta e decorare con le foglie di menta lavate.

WAFFEL CON INSALATA DI FRUTTA

Tempo di preparazione: **20 min**
Tempo di cottura: **5 min**

Ingredienti:
Per 3 porzioni
- ½ banana
- ½ mela
- 1 kiwi
- 50 ml succo d'arancia
- ½ bustina di zucchero vanigliato
- 1 uovo
- 35 g zucchero
- ½ bustina di zucchero vanigliato
- 65 ml latte
- 125 g farina
- ½ bustina di lievito
- 125 g burro
- Olio per la cialdiera
- Zucchero a velo da spolverare

1. Sbucciare la banana, la mela e il kiwi. Tagliare a piccoli pezzi la frutta e versarla in una ciotola.
2. Aggiungere il succo d'arancia e lo zucchero vanigliato mescolando.
3. Preriscaldare la cialdiera.
4. Sciogliere il burro.
5. Montare a neve l'uovo, lo zucchero e lo zucchero vanigliato. Aggiungere il latte mescolando.
6. Setacciare e incorporare la farina e il lievito.
7. Unire il burro liquido. Montare ancora una volta energicamente l'impasto.
8. Spalmare la cialdiera con l'olio. Ricavare dall'impasto tre waffel cuocendoli fino a doratura.
9. Spolverare leggermente i waffel con lo zucchero a velo e servirli con l'insalata di frutta.

© 2019 Felix Horstmann, Johann-Mohr-Weg 4, 22763 Hamburg

Print version: Amazon Media EU S.à r.l., 5 Rue Plaetis, L-2338, Luxembourg

This work is copyrighted in its entirety. Any use without the permission of the author or the publisher is prohibited. This applies in particular to its electronic or physical reproduction, translation, distribution as well as to making the work available to the public.

Picture credits: FXQuadro / Shutterstock.com (cover); Margo Miller / Shutterstock.com (icons)

Font-Design: Ageng Jatmiko / letterhend.com (chapter titles)

Printed by Amazon Italia Logistica S.r.l.
Torrazza Piemonte (TO), Italy